STUDENTI JUNIOR

TUTTO SU PINGUINI

CHARLOTTE THORNE

TUTTO SU PINGUINI

CHARLOTTE THORNE

I pinguini sono uccelli acquatici e incapaci di volare, tanto interessanti quanto adorabili!

I fossili di pinguini risalgono a più di
60 milioni di anni fa.

Le prime descrizioni conosciute
dei pinguini provenivano da un
esploratore portoghese nel XVI
secolo.

Il famoso fossile di Palaeeudyptes
klekowskii rivela un pinguino
estinto alto 6 piedi!

Ora, la specie più grande di
pinguino è il pinguino imperatore.
Possono essere alti più di 3 piedi.

I pinguini sono classificati come uccelli perché sono dotati di piume e possono deporre le uova. Non possono volare come la maggior parte degli altri uccelli.

I pinguini sono eccellenti subacquei e alcune specie possono raggiungere profondità di oltre 1.500 piedi e trattenere il respiro fino a 20 minuti.

Le piume di pinguino forniscono un isolamento impermeabile, per mantenerli al caldo.

I pinguini comunicano tra loro usando la loro voce, chiamata raglio.

Non ci sono molti pinguini famosi
nella vita reale, ma...

...molti film hanno come protagonisti
i pinguini! Come *Mary Poppins*,
Madagascar e *Happy Feet!*

Sapevi che i pinguini hanno famiglie? La mamma pinguino e il papà pinguino cresceranno insieme i loro figli.

Sia la madre che il padre pinguino, a turno, tengono l'uovo al caldo, ad eccezione del Pinguino Imperatore. Con loro, il padre tiene l'uovo caldo da solo.

Diamo un'occhiata alle diverse specie di pinguini.

Pinguino Imperatore

Sono la specie di pinguino più grande... e la più pesante! Sono conosciuti per i loro bambini molto carini e per il loro aspetto nero, bianco e giallo. Possono resistere anche alle condizioni atmosferiche peggiori.

Pinguino di Adelia

Questi uccelli sono piccoli ma hanno personalità pazzesche! Come il pinguino imperatore, sono pinguini artici. Sono ottimi nuotatori e subacquei e sono noti per l'anello bianco attorno ai loro occhi.

Pinguino Reale

Assomigliano ai pinguini imperatori a causa delle loro macchie arancioni. Sono la seconda specie di pinguino più grande e i loro pulcini sembrano piccoli sbuffi marroni.

Pigoscelide Comune

Questi pinguini hanno becchi e piedi di colore arancione brillante. Anche se sembrano un po' piccoli, sono la terza specie più grande! Si trovano nelle regioni antartiche.

Pigoscelide Antartico

Questi pinguini sono quelli dall'aspetto divertente. Hanno una linea nera sotto il collo, motivo per cui sono chiamati "Sottogola". Sono buoni scalatori.

Pinguino Macaroni

Questi uccelli vivono in grandi colonie. Sono noti per essere energici e molto socievoli. Sono conosciuti soprattutto per la loro testa gialla, chiamata anche "creste".

Pinguino Saltarocce

Questi pinguini hanno le migliori creste là fuori! Guarda come sono appuntite e gialle le loro teste. Hanno anche gli occhi rossi. I pinguini saltaroccia sono noti per essere degli scalatori straordinari.

Pinguino di Magellano

Hanno questa fascia nera a ferro di cavallo sul petto e sono una delle specie di pinguini che si trovano nelle zone più calde. La loro casa sono le coste del Sud America!

Pinguino di Humboldt

Questi pinguini sono originari anche del Sud America. Hanno macchie rosa sul viso e sono ottimi nuotatori.

Pinguino delle Galapagos

Questi sono gli unici pinguini che si trovano a nord dell'equatore, che è la linea che separa la Terra in nord e sud. Sono uccelli molto piccoli.

Pinguino Africano

Questi pinguini hanno suoni davvero unici: i loro richiami suonano come quelli di un asino! Da qui il loro nome, vivono nella parte meridionale del continente africano.

Pinguino Occhigailli

Questi uccelli chiamano la Nuova Zelanda la loro casa. Non solo hanno gli occhi gialli, ma hanno una fascia gialla intorno alla testa. Queste sono una delle specie di pinguini più rare.

Pinguino Minore Blu

Sono anche chiamati "Pinguini delle Fate" perché sono la specie di pinguino più piccola. Questi piccoli uccelli si trovano in Austalia e Nuova Zelanda.

Pinguino Reale dal ciuffo Dorato

Questi uccelli hanno una cresta e una testa gialle dall'aspetto divertente. Vivono solo sull'isola Macquarie, ma trascorrono la maggior parte della loro vita in mare.

Pinguino del Fiordland

Conosciuti anche per la loro cresta gialla, vivono in Nuova Zelanda, sui fiordi dell'Isola del Sud. Nidificano sotto i cespugli o tra le radici degli alberi.

Pinguino Crestato Maggiore

Questi uccelli hanno creste gialle molto alte e si trovano intorno alle isole antartiche. Sono uccelli molto socievoli e vocali!

Pinguino delle Snares

Questi pinguini sembrano simili al pinguino dalla cresta eretta. Vivono su coste rocciose e quando nuotano riescono a mimetizzarsi nell'oceano.

Pinguini Crestati

Questi uccelli neozelandesi vivono in colonie e, come molte altre specie, hanno lunghe sopracciglia gialle. Si nutrono di krill.

I pinguini aiutano il nostro ecosistema.

Le popolazioni di pinguini selvatici
raccontano agli scienziati quanto sia
sano l'ecosistema marino.

Lo studio delle capacità subacquee dei pinguini ha ispirato lo sviluppo di tecnologie subacquee.

La ricerca sui comportamenti genitoriali e di accoppiamento dei pinguini ha fornito informazioni sull'educazione dei figli e sulle relazioni tra gli esseri umani.

I pinguini sono una parte importante del nostro ecosistema e del ciclo della vita. Sono una delle creature più accattivanti e carine della Terra.

9 798886 901063